Kuka lie

Mika Seppälä

Kuka lie

ajatuksia

© *2020 Mika Seppälä*

Kustantaja: BoD™ – Books on Demand, Helsinki, Suomi

Valmistaja: Books on Demand GmbH, Norderstedt, Saksa

ISBN: 978-952-802-077-6

se vain tulee ja noutaa
ei se kumarra
ei kiitä

kumma on kuolema –
ei sille vastaukseksi
kenenkään elämä
riitä

tuuli,

voimallasi sinä pyörität hiuksiani
niin pitkin kuultavin sormin
kuin olisit emoni kosketus

ja joinakin päivinä muutat
sateen paikkaa,
pisaroiden liikekö on surusi –

joskus olet pelkkä tyven
eikä sinua ole,
silloinko minun täytyy lähteä matkaan,

lennätkö aina kauas pois
vai tuletko joskus kaikuna takaisin –
pitääkö minun myös

pikku pikku enkeli
hae jo iso mies
pois

niin suuri on miehen suru
suuri olla –
mahtuu häneen juuri
ja juuri

pikku pikku enkeli
hae hänet pian pois
jos jumala sen
armossansa sois

ja joku vielä jälkeensä
vilkuttamassa
ois

lopulta viimein
kuorii kuolema rannalla
kutimet päältä,
kun ensiksi
suorii elämäänsä pakoon
heikolta jäältä

voi riennä elämän virta,
oi, riennä ohitseni ja liki,
mutta älä tule jalkojeni alle,
sillä en enää jaksa kävellä
vetten päällä

olla niin tyhjä
ettei mikään jaksa,
ei edes kuolema

lentää tähtien taa
avaruuteen,
missä on avaruuden alku,
ja se kertoo koko hiljaisuuden
jos uskaltaa

jos siellä voisin täyttyä,
paljon vaeltaa

olla niin valo,
jotta voida kääntää valolle selkänsä
ja kaiken

aurinko takanani
irtoaa

kun en löydä
elämän tarkoitusta,
jos sitä edes etsin –
huokaisen

henkäys hajoaa,
minkä jälkeen
mikään ei enää
havaitse

Minä kysyin
iholtasi
mutta se ei koskaan
vastannut
vaan halusi silti
että kysyn yhä uudestaan,

ja utelin vielä omalta lihaltani
joka oli sinua niin
liki.

Me jäimme kesken
ja sinä lähdit palaamatta –

ulkona viimeiset kesän
tuulet taipuivat
suunnaten sinne
missä rakkautesi oli
yhä vaiti mutta
ihojemme muistoon puettuna –

ja olit valmis
eikä sinun enää ollut
kylmä.

kun huudan sinua herra,
pitääkö minun nostaa pääni
vai katsoa alas

raskaasti kulkee asfaltilla
potkukelkan jalas

kun kuljet yksin
etkä tiedä milloin nouseva valo päättää hiipua
etkä tiedä onko askeltesi alla
kevät vai syksy

siitä että olet orpo
jokainen sen kirjain on poltettuna sieluusi
ja talvisina öinä tähtitaivas
vilkkuu sinulle ainoana mahdollisuutena
kuin bordellin mainos –
tule

joskus sinun vastaasi tulee tuntematon
ja vilkaisette arasti silmiin
rehellisen kipeästi sanomatta mitään
että se tuntuu tuttuudelta

niin kuin pelkästään
ihmisen vieraus toisillensa olisi
oikeaa rakkautta

joskus vain tuntuu
kuin minua ei olisi
koskaan ollutkaan

elämän virrasta olisin kylmänä yönä
pelkkänä sumuna noussut ylös
ja hentona utuna haihtuisin
auringon poltteesta
hiljalleen pois

jo kauan oli tienoo
nähnyt päivän alkavan
kun pimeä hiljalleen
maisemassa ehtyi

vaan halusi tie vielä varmistaa
askelet satunnaisen kulkijan
kun katulampuissa valo
hetken vielä viipyi

olen koko päivän
katsonut ikkunasta ulos

tähän sopisi unohdettu pahe –
säädytön humala tai
sytyttämätön savuke

lopulta auto kaartaa pihaan

naapuri tulee töistä,
samaan rappuun,
minun seinäni taakse

on kuin itse olisin tullut
kotiin

olen usein tarkka
yksityisyydestäni –

vaikka minulla
ei silloin ole yleisöä,
sille on varattu koko
katsomo

vaikka minä luulen
olevani kokonaan minä,

silti liian usein pelkkä
arpajaisvoitto –

tässä kaikkeudessa
en koskaan täysosuma,
vaikka minulla on aina
kaikki oikein

katson ikkunasta ulos usein yksin
ja tuossa tuo tie vie

voi te onnelliset ihmiset
älkää ajako tuota tietä ylös ja alas
älkää menkö sivu

minä seison tuijottamassa huoneessani
ettehän aja ohi –

jos vain hoksaisitte
niin en tähän orvoksi jää –
minä voisin joskus olla
oikea määränpää

luulin tietäväni
jo pienestä asti
että minulle kuuluu
melkein ylin kasti

isona pönttöön kapuaisin
ja suureen ääneen
selittäisin ja saarnaisin

mutta en olisi voinut
huutaa köyhälle kansalle
korkealta kaukaisuudesta

en halunnut olla avuton pappi
sillä ylhäältä avaruudesta
loppuu aina happi

lukiessani raamatun ilosanomaa
se on niin täynnä pelastusta
etten millään jaksa käsittää
mikä oli alkuperäinen onnettomuus

Jeesuksen kärsivät kasvot
näkyivät minulle jo
kohdussa

mutta kun tuli tiukka paikka
ja piti kysyä,
oli otettava muutama askel huoneestani
keittiöön –

Äitini oli raamattu.

elämäni on uskonto

on vain loppu lopun perään,
on ikuisuutta
liian, liian monta

istun pimeässä keittiössä

jokin vaalea heijastuu
pihavalossa ja vajuu alas,
illan viimeinen lehti

ei riipu jeesus
ristillä kuin ennen –

taivaaseen on saapunut
syksy

kun halusin tajuta
tarkoituksen
ja sitä mietettä
jatkaa

äkkiä oivalsin luojan
johdatuksen
ja olin kotona kesken
matkaa

kaikkeus on
palapeli

joskus minä mietin
taivallanko eteenpäin
vai liukuuko eloni
jalkojeni alla
taakseni

ja kun seinä tulee vastaan
siitä pääsee läpi vain
juuri itseni kokoinen
kohtalo

tosissani jälleen
evankeliumia kelaan,
hädissäni vaiti raamattua
selaan

hetken luulen, ymmärrän,
kun sivua käännän,
on kevyt liike ranteen

mutta kun sijaltani nousen,
taas lyön pääni
taivaankanteen

missä kohtaa välillämme
yksinäisyytemme risteävät

seitinohut säie
katseesta katseeseen

orpous toiselta toiselle matkalla
edestakaisin

miksikö sanoisin
että rakastan

jotta sinä sen kuulisit
vai että itse sen
lausuisin –
mistä minä tietäisin

kyyneleni kuohuvat
padoksi patoutuvat,
jos päästää se irti
sinäkö hukkuisit
itse olisin kuin kastelematon
ranta

juuri siksi minä sanon
että rakastan ja välitän
ja kaiken sen väliltä

taipuu tumman taivaan alla
oksisto ja melkein katkeaa
mutta käteni ei enää etsi
vaan nostaa
ja pitää lujasti kiinni

koko päivän kirjoitin
kaiken mitä tiesin,
kaiken mitä uskalsin,
luullakseni rakkauden

kun saapui ilta,
katsoin silmiisi kaiken sen –
pienen hetken hiljaisuuden

rakkaus ei ole
mikä oikeaksi
todistetaan

täyteen kaavoja
kirjoitettu taulu –
liitu,
kun se putoaa
lattialle ja
räjähtää

rakkaus on
liha lihasta

ja sitä se on –
maata sängyssä
toisiinsa selin
ja nukahtaa
silti yhteiseen
yöhön

jos minä kaiken itsestäni
sinulle sanon,
lopulta sinulta
armoa anon –

siis jos keskeytän
itseni tähän,
niin ehkä vielä voisit kuvitella
minusta jotain kaunista
vähän

minulle lapsena hoettiin,
taivas tuo taivas
joskus siellä se on –

mutta kun nyt löysin
minä rakkauden,
niin mitä väliä,
mitä siitä väliä,
jos jossain se siellä
mikä lie on loputon

koko elosi haluat
olemisesi tarkoituksen
oivaltaa,

huudat yöhön,
etsit sitä tähdiltä ja kuulta –

kun ei muuta,
koitat vastauksen luojaltasi
kavaltaa,

on ymmärrys
hetken valo vain,
kun kohtaat toisen ihmisen,
kun huuli hipaisee huulta

marraskuu

tässä pimeässä
voisimme vielä valehdella toisemme
nuoriksi ja
kauniiksi

siitä hyvästä
sulkea silmämme
ja kuvitella
valon

jos vai vihkaa kohtaisin sinut
ja sinä antaisit minulle
hellyyden

jos arasti melkein
rakkauteen uskoisin
ja vain varmuuden vuoksi
näyttelisin silloinkin
yksinäisyyden

istun tässä yksin
aamuin sekä illoin

alkaako aito rakkaus
kun tietää oikean hetken,
kun oivaltaa milloin

kävelee vastaasi
kuka lie,
ken korjaa sydämesi
juuri silloin

joskus on niitä päiviä
kun kaiken tekemisen ilon lopuksi
suurempi riemu on
saada jälkensä
siivottua

ei sellaista ikuisuutta
joka ei koskaan täynnä
pelkuruutta

ei niin hyvää
jossa ei lainkaan
äkkisyvää

ei viattomuutta,
johon paha ei omaansa
keksi

lain totuutta
joka ei itseään selitä
sanomatta – mutta

kun en osannut,
oli suuri vesi hiljaa
eivätkä oivallukset
nousseet pieninä luotoina
pinnan ylle

mitä ne muuta
kuin olisivat pirstoneet –
oli kai sittenkin parempi
särkymätön tietämättömyys

rikkomaton viisaus,
kaiken hiljaisuus

onko paras todistus itsestänsä
olla sitä
todistamatta

antaa elämän suudella
minua kivutta

viedä sen minut paikkoihin
joissa minun ei pitänyt
tänään käydä

kerrata minulle
minkä olin jo kadottanut
ja vielä uudestaan,

unohtaa turvaamansa selusta –
antaa kaiken alkaa aivan
alusta

se oli tavallinen arkipäivä

hiljaisuus –
se oli siinä,
poskelleni kierähti kyynel
enkä voinut muuta kuin
upota

minä valvon
ja kerrankin tuntuu
että tämä hetki on
tyhjä ruutu

päivällä aurinko
kävi ylhäällä vain
ilkeyttään,

on pimeä
ja vastapäinen talo
huokuu kokonaan
unta

mutta minä odotan
tyhjä lasi kourassani
vain hetki kuplii –

mikään paha ei enää riko

lopulta
minusta tuli raunio
jotta voisin vielä
savuta

joskus harvoin
lie olo tyven,
että melkein
säikähdän

ulkona on sees,
joki ja sen rannat
eivät kaipaa korjausta –
on hyvä olla
tässä ja vaiti

mutta jotta minä muistaisin,
äkkiä kirkuu tämä kaikki
selitystä,
huutaa minut taas hajalle

niin kuin ovat
minä, maisema, ikkuna,

ja sirpaleet

niin kaunis oli päivä,
että olisin aiheuttanut
vain tuhoa merkitsemällä
sen ylös

on helle

se liimaa ikkunaa
kun istun sohvallani
ja yritän miettiä
seuraavaa siirtoa
laiskasti niin kuin
päivä on kuuma

ulkona kaikki vihreä
ja taivaan sini tappelevat
kumpi ja kampi
koko kesäksi
vain

maailma on keilapallo –

joskus liukuu ränniin
ajaa jonkun känniin

pyörii
pyörii
pyörii vain

tekee huikean kaadon
tai sitten lähimmäisestä
raadon

halusin asuntooni
kaiken armon, kirkkauden

katselin kauan ja
kauneimman valkeuden
itselleni kai ostin

ja tultuani kotiin
huoneeni nurkkaan
uuden päivän asetin

oli lampussani
varjostin

ihminen:

syötä alinomaa
virtaa koneeseen

ei koskaan saa hallita tunne,
luota vain konkretiaan hektiseen

unohda illuusio
ja haave,
että joskus pääset
taivaaseen

tässä ja heti
siis tiedä

jos sydämelläsi turhaan eläydyt
menet liian äkkiä
epävireeseen

ehkä se on rakkautta
kun tiedät sen minä hetkenä tahansa
lähtevän

kun kaatuva puu nostaa vielä
kukintoja oksiinsa

ja mietit oletko
koskaan nähnyt peilistä itsesi
itkevän

asuntoni ikkunat
olivat likaiset
juuri niin sopivasti,
etten nähnyt liikaa muuta
maailmaa

ne sulkivat minut sisäänsä
ja huoneeni olivat pienet

minun rakkaani oli jättänyt minut
vai oliko se joku toinen?

minä taas vain käynnistyin,
suruni oli kone

sinä olet mennyt
mutta kaiu mykkyytenä vierelläni

jotta vielä jonakin aamuna herätessäni
sarastus olisi
helpompi
ja alkava valo laakson yllä keveä

sinua minä odotan,
tunne on outo sydämessä

tietää jo talvea –
ilta on nuori ja tumma,
hento käy viima eteisessä

sinua minä vain varron

tähdet syttyvät pimeydessä,
vastapäisen talon valot väärässä
järjestyksessä

lopulta minun hyvästini
on vieras kämmen
oudolla iholla
eikä mikään halua enää seikkailla
meissä

minä kirjoitan sinua ylös
pyöräytän arkille pisteen
joka on ollut siinä jo kauan –
loppu

paperi on väsynyt
se ei jaksa kantaa yhtäkään sanaa,
niinpä minä murennan
niistä jokaisen sormellani

ja ne särkyvät alkavana sateena
joka ropisee viereiseen ikkunaan
kuollen siihen
niin kuin sydämeni
juuri nyt

kaikkeus laajenee
koko ajan,
alituiseen

mitä minä luulin läheisyydeksi
kasvaako se
niin kuin elämä on –
eroksi,
etäisyydeksi vain

hän ajattelee
istuimellaan

hän lähtee,
ei hän minua jätä ainoastaan

vaan ei enää jäljellä
tuoliakaan

olen usein niin yksinäinen
että minun täytyy siitä vielä
vakuuttua

voin huoleti sulkea verhot –
kattaa sinulle tuohon
vastapäätä vielä
varmuuden
vuoksi

mitä kertoo yö,
kun sänkyyn on pakko sijata
kaksi puolta,
vaan itse vain yksin
on vuoteessa valveilla läsnä –

sanoa ikävälle hei,
varkain nukahtaa

pitkän odotuksen
jälkeen sinä
ystäväni saavuit

rakkauteni oli niin suuri sana,
että ensi kerralla se pitää
tavuttaa

raskaita olivat yössä tähdet –
suuri oli avaruus
tilkitessäni oman historiani seiniä

kuin en koskaan olisi
muualla rakastanut
vaan aina ollut perillä

sinä päivänä en
ollut yksin sekaisin

kun avasin oven,
kaiken lopun oivalsin

voi ilmatar,
yritä vielä ja päätä

vain tyhjää ja pimeää,
ei ulkona laisinkaan
säätä

pienen pieni kala
kutittaa vettä
matalassa poukamassa,
joka putoaa syvyydeksi
aakeiden ulapoiden alla –

mietin hetken
elämän tarkoitusta,
mutta eiköhän se ole
jo riidelty